AF189192

Schicksal ist (d)eine Entscheidung

Gewidmet allen helfenden Wegbegleitern.

Elisabeth Denninghaus

Schicksal ist (d)eine Entscheidung

Denkanstöße und Lebenseindrücke in Gedichtform

Coverfoto: **Elisabeth Denninghaus**

Bibliografische Information der Deutschen Nationalbibliothek:
Die Deutsche Nationalbibliothek verzeichnet diese
Publikation in der Deutschen Nationalbibliografie;
detaillierte bibliografische Daten sind im Internet über
http://dnb.dnb.de abrufbar.

Herstellung und Verlag: BoD – Books on Demand,
Norderstedt

ISBN: 978-3-7481-9289-3

Inhaltsverzeichnis

Vorwort

„Aller Anfang ist schwer", besagt ein altes Sprichwort. Doch viele Menschen haben den Eindruck, ihr Leben bleibe in diesem Anfang stecken. Von allen Seiten prasseln Anforderungen auf uns ein, nicht nur die Arbeit fordert Tribut.

Bevor die Energiereserven leerfahren, uns damit auch Lebensfreude und Mut nehmen, sollten wir kurz innehalten und reflektieren. Gibt es andere Wege, bessere Ziele, genug Wohltuendes zum Auffüllen?

In diesem Buch habe ich Lebenseindrücke mit Phantasie vermischt und sie in Gedichtform eingefangen. Mal ironisch, melancholisch oder humorvoll möchte ich Sie damit ein Stück begleiten.

In der kleinen Pause zwischendurch, um für einen Moment den Kopf vom Alltag abzulenken. Bei der Beruhigung in Geist und Körper, wenn Sie dem fließenden Rhythmus einiger Gedichte folgen. Und gerne in Gedankenexperimente mit Impulsen für ein achtsameres Leben. Was wäre wenn?

Meine eigene Motivation zu neuen Gedanken und passenderen Entscheidungen resultierte u. a. aus einem Buch. Darin beschrieb eine Hospizangestellte, die viel liebevolle Zeit mit ihren Patienten verbrachte, was diese an der Schwelle zum Tode in ihrem Leben am meisten bedauerten. Es ging im Fazit um Unterlassenes mehr als um Geschehenes.

So stellte ich mir in einer Art vorweggenommener Lebensrückschau selbst die Frage, wie könnte meine Antwort auf: „Was bedauern Sie am meisten?" lauten.

Ein Ergebnis dieser Gedankenkette halten Sie gerade in Ihrer Hand.

Elisabeth Denninghaus

Abendröte – Tagesnöte

Der Abend nach beharrlich' Müh',
verheißt schon zart das Neue.
Zum Ruhen ist es noch zu früh.
Grübeln bei Nacht ich scheue.

Mich freut der Blick zum Firmament,
sanftrot mit gold ins Blaue.
Voll Sehnsucht, die der Tag nicht kennt,
verdrängt durch Arbeitsklaue.

Nun schau' ich auch in mich hinein,
schwimm' mit der Sonnenröte.
Könnt' es doch häufiger so sein!
Ganz frei, ganz ohne Nöte.

Einmal erlaubt, ruft es nach mehr,
für Draußen wie für Drinnen.
Wo nehme ich den Mut nur her?
Möcht' Zeit für mich gewinnen.

Was kann ich gut, was macht mir Spaß?
Dürft' ich doch selbst bestimmen.
Ich will nicht ohne Unterlass,
mich stets aufs Neue krümmen.

Berührungen

Eine Katze, tot, am Straßenrand,
überrollt und unbeweint, verloren.
Zwei Greise, gemeinsam gebeugt am Gehstock,
Hand in Hand gewachsen.
Deine Hand an meinem Herz, kurz nur,
behütend.

Ein altes Grab, verwest,
blumenleer und ausgeweint, erfroren.
Zwei Kinder im Spiel versunken, verschmolzen
eins mit dem anderen.
Du bei mir, auf meinem Fluss,
ein wärmend' Wegstück lang.

Ein Baby, unerfahren, unerschrocken,
mit staunend off'nen Augen geboren.
Unser Blick in Wald und Wolken, wachsende Gebilde,
stetige Wiedergeburt.
Deine Aura, die warm und sanft meine Seele auftaut,
wie die greise Leuchte das Grab erhellt.

Haiku

Sonne lacht mich an
Die ersten Blumen sprießen
Arbeit ruht für heut'

Lernen ist ein Ziel
Über Steinchen springen stärkt
Geist- und Körperkraft

Trüb das Herz, die Luft
zum Atmen schwer, will fort hier
Such den neuen Weg

Wirbeln Staub und Luft
Sternschnuppen in der Nacht
Kindheit kehrt zurück

Beziehungsdilemma

Deine Augen streichen,
sanft in mein Gesicht.
Ich warte auf die Zeichen,
so kenne ich das nicht.

Deine Hand hält meine,
kraftvoll und auch warm.
Im Takt laufen vier Beine,
betört von so viel Charme.

Kann ich mein Glück festhalten?
Es währt ja eh nicht lang.
Im Kopf spuken Gestalten,
Freiheit ist auch ein Zwang.

Geh' lieber von alleine,
bevor du mich abschreibst.
Bevor ich dir nicht gut erscheine,
so will ich, dass du bleibst.

Zu bleiben hieß Vertrauen,
die Seele aufgedeckt.
Ich kann nur auf mich bauen,
ich ahne, was versteckt.

Mit Liebe noch geboren,
wurd' ich ein Findelkind.
Ich habe mir geschworen,
ich treib' lieber im Wind,

bevor ich anker, halte,
was doch nicht bleiben will.
Die Sonne, die eiskalte,
nimmt dir dein Glück, ganz still.

Du rührst mich an, ich lege
dein Bild sanft in mein Herz.
Verlasse mein Gehege.
Bereit für Freud und Schmerz.

Carpe diem

Morgenröte kriecht in meine Nase
Das Licht des neuen Tages vertreibt die Wolken der
Nacht
Ich atme und spüre, ich lebe
Und bin bereit für einen weiteren Anfang
Bevor das Ende kommt
Will ich den Tag genießen
Will lernen und staunen, wie ein Kind
Will leben
Heute nicht morgen
Schaffe mir Raum für meine Seele
Öffne die Tür
Und fliege

Ehrgeiz

Zuviel davon, was anderen fehlt?
Dein Ehrgeiz kann dich fressen.
Im Innern gänzlich durchgeseelt,
nichts findest du vermessen.

Er treibt dich vorwärts, auch mit Wut.
Möcht' alle Ziele sprengen.
Er achtet nicht darauf, ob gut,
ob's reicht, will immer Mengen.

An Geld, an Macht, an Freuden,
und bringt am Ende doch
die Einsicht, zu vergeuden.
Er führt dich in ein Loch.

Im Übermaß, wie Speis' wie Ding,
zieht Schaden ungewollt.
Wie mancher Freund, wie mancher Ring,
wo unbedacht Ehre gezollt.

Was sagt dein Ehrgeiz über dich?
Wohin geht stur dein Streben?
Ist es nicht manchmal wunderlich,
wie wir an Knöpfen kleben?

Wird mancher Knopf zu oft gedrückt,
irren wir wie die Geister.
Sind wir vom Wege abgerückt,
werden wir Knecht, nicht Meister.

Ein Buch

Ist
wie ein Vorhang, verschleiert nur für Außenstehende
wie ein Haus, hält Türen und Möglichkeiten bereit
wie ein Lehrer, geduldig und voller Wissen

Sei
Ein Tor in eine neue Welt, eine Treppe zur Fantasie
Ein Reiseleiter der Erkenntnisse, eng und weit, innen
wie außen
Ein Berater in Not oder Zeitvertreib, benutzt und
geschätzt

Wird
Erfahrene Weisheiten wahren
Eine Schatzkiste schöner Erinnerungen
Ein treuer Freund, ein Coach

Elterngrab

Grab der Kindheit weicht
Langsam nur mit bangem Herz
Anpassung tut not
Wurzeln und Erinnerung
Tragen mich den schweren Weg

Elternhaus

Verlassen der Hof
Nach hundert Jahren Leben
Natur holt zurück
Was einst Familiensitz
Ist nun in mir als Seele

Erfahrung

Ein Herz schlägt stets für jeden.
Richte nicht, doch nehme wahr.
Finde deinen eigenen Weg, leg' eigene Spuren.
Achte sorgsam auf deine Gedanken und Werte.
Halte die Zügel in der Hand.
Ruhe nach getaner Arbeit.
Umgib dich mit Gutem, Menschen wie Dinge.
Neide nichts und niemanden.
Glück ist überall, erkenne, die Summe des Kleinen.

Flüchtlinge unter uns

Ausgemergelte Gestalten,
großäugig und dunkel,
unerkennbar auch im Wesen,
lungern, erwarten
und nehmen uns
in Verantwortung, mit Sorgen.
Wird es nicht zu viel?

Christen sind wir, Menschen eben.
Müssten an Ihrer Stelle
die Mühen ebenso
auf uns nehmen,
Sicherheit und Heimat zu erlangen.
Geteilt bleibt noch genug, auch Fragen.
Schaffen wir das?

Mein ist verdient, mühsam errungen.
Ich such mir aus, mit wem ich teile.
Geb' lieber Geld als Nähe.
Kann ich mich ändern?

Freie Lyrik for beginners

Willst du freie Lyrik schreiben,
lass zunächst das Reimen bleiben.
Alsdann erfinde reichlich Worte,
so wie „Gefühlschaostorte".

Verknüpfst du mehr als einen Sinn,
weist auf Synästhesie das hin.
Knallrot als Beispiel sei genannt,
doch weil bekannt, auch schon verbannt.

Metaphern zeigen deutlich Wille:
Traumtänzer, rosarote Brille.
groß- kleinschreibung und kommata
die braucht es nicht soweit noch klar?

Nicht jeder soll es gleich verstehen.
Durchaus darf etwas Zeit vergehen.
Ein jeder soll ein Bild sich machen,
du bist recht frei mit solchen Sachen.

Mindestens drei Zeilen musst du schreiben,
sonst können Dichter es nicht leiden.
Manchmal, da wirst du Silben zählen,
wie herum, darfst du frei wählen.

Wiederholen darfst du auch.
Das ist bisweilen im Gebrauch.
Natur, Beziehung oder Träume,
doch nicht real, 'die tränen Bäume'.

Gefühle, Bilder musst du wecken,
sie achtsam in den Text verstecken.
Sei allegorisch, nicht geradeaus.
Und laut Gesprochenes klingt raus.

^{SEN}kun$_{gen}$, ^{HE}bun$_{gen}$ nach Ge^{FÜHL}.
Wer mehr 'raus macht, der hat schon Stil.
Parallelen kommen an –
wie man recht viel vergleichen kann.

Wie irgendjemand spricht kein Dichter,
mit Prosa läuft es etwas schlichter.
Allein der Leser ist dein Richter,
sein Urteil jedoch nur für sich da.

Wie du empfindest, ist doch deins.
Was in mir nachklingt, ist dann meins.

Füße

Füße laufen, rennen, schleichen,
tragen uns im Leben.
Können Steinen leicht ausweichen,
nach vorne ist ihr Streben.

Sicher stehst du auf zwei Beinen,
standhaft gilt auch übertragen.
Lahmen sie, wirst du beweinen,
dass du harrtest, statt zu wagen.

Füße springen hoch und weit,
wenn dein Kopf mitspielt.
Füße leben in Echtzeit,
haben manchen Sieg erzielt.

Bin ich dankbar, sie zu haben?
Wertschätze ihre Kraft?
Erkenne erst in schweren Tagen,
was sie für mich geschafft.

Füße sind wie Geist wie Herz,
das Spielfeld ganz im Innern.
Pfleg' sie gut, behandle Schmerz,
gehör zu den Gewinnern.

Füße laufen vorwärts, tragen
dich und deine Last.
Ab und zu solltest du fragen,
ob der Weg noch passt.

Ganz still

Ganz still steh' ich vor eurer Gruft,
ab morgen wird sie leer.
Ich rieche nur den Grabesduft.
Warum gabt ihr das Leben her?

Seit vierzig Jahren seid ihr fort,
die Zeit blieb damals stehen.
Ein neues Heim, ein anderer Hort,
ließ ohne euch mich weitergehen.

Erst später hab' ich nachgedacht,
als kinderlose Frau.
Was hat das Leben euch gebracht?
Ich weiß es nicht genau.

Nur zu viel Arbeit, zu viel Sorgen,
der Tod des Jüngsten nah am Haus.
Nicht Kraft nicht Liebe war zu borgen,
das Lebenslicht brannt' beiden aus.

Ein Ziel auf Erden hat gefehlt,
still seid ihr dann gegangen.
Denn was noch blieb, hat nicht gezählt,
ihr fühltet euch in Schuld gefangen.

Mir blieben Wille, Loch und Kraft,
acht gute Jahre Lebenssaft.
Zu gern würd' ich die Zeit umdrehen,
euch voller Liebe weiter sehen.

Gebraucht

Gebraucht geht auch, hab ja kein Geld.
Müsst ewig lange sparen.
Ob Auto, Haus, bestell mein Feld,
meid vorerst Luxuswaren.

Gebraucht der Mann „erfahren" heißt.
Als Frau gestempelt „Schlampe".
Tradition ist, wie du weißt,
für manche Abschussrampe.

Die Oma wird noch gern gebraucht,
stünd' sie doch sonst alleine.
Verbrauchtes Leben, ausgehaucht,
ein Text für die Grabsteine.

Nur neu ist gut, denken wir heut',
wirf Altes auf den Haufen.
So mancher hat das schon bereut,
als seine Zeit fast abgelaufen.

Was gestern neu ist heute alt,
vom Neuen lebt der Markt.
Als Kombi erst besteht Vielfalt,
jung hastet zum Infarkt.

Gebraucht, geliehen trägt die Braut,
und zollt Respekt den Ahnen.
Und wer ganz tief nach innen schaut,
kann beides gut verzahnen.

Gedicht hne „ "

S nne, M nd und Sterne, schauen wir s gerne.
Lirum, Larum, L ffelstiel, hne „ " wird das nicht viel.
S nntag, M ntag… W chentage, funkti nier'n nicht,
keine Frage.

Dr sseln fängt man nicht mit Speck, fehlt ein „ ", sind
W rte weg.

Bist d ch nur ein kleines „ ", d ch als du da warst, war
ich fr h.

Klein ist auch ein Blatt am Baum, denn ch Teil v m
Ganzen.

Klein d ch wichtig bist auch du, lass dir nicht
einpflanzen,

auf die Gr ße käm' es an, das glaubt ja s mancher
Mann.

Du bist wichtig, du bist richtig, bist (m)ein „ ".

Gefühlswelt

Es nagt der Neid, es frisst der Frust.
Gefühle sind Motoren.
Sie treiben dich, verschaffen Lust,
missachte sie, bist du verloren.

Der Hass ist glühend, Glück hell erstrahlt.
Gefühle sind wie Winter.
Hast du den Preis dafür bezahlt,
erfrierst du nicht dahinter.

Gefühle sind mehr als Instinkt,
mehr als nur bloßes Denken.
Wie Licht, das in den Tunnel sinkt,
wird es dir Wege lenken.

Du glaubst, du bist ein freies Wesen.
Bestimmt von Kopf und Wollen.
Das ist nur eine vieler Thesen.
Gefühle spiel'n Hauptrollen.

Du bist Statist und weißt es nicht.
Im Innern ist entschieden,
ob Macht ob Menschsein mehr Gewicht.
Nur dann herrscht in dir Frieden.

Was du für jetzt hältst, ist vorbei.
Ein flüchtiger Moment.
Das Unbewusste führt Datei.
Nur was erfühlt, bleibt existent.

Gespaltene Gesellschaft

Was als Kind so einfach war,
macht mehr Mühen heute.
Einer aus der Kinderschar
führte an die Meute.

Wer das war, war einerlei,
galt als Teil vom Spiel.
Gab's auch manche Rangelei,
nichts wurd' uns zu viel.

In der Gruppe, stark und frei,
erkämpften wir das All.
Heute bist du nicht dabei,
nur noch Egos überall.

In der Gruppe, stark und frei,
taugt nicht mehr für Draußen.
Solche Zeiten sind vorbei.
Wenig innen – Viele außen.

Glückssuche

Glück ist nicht für alle gleich:

Labels, Gesundheit, Haus am Deich, …

Überall, wo off'ner Sinn.

Carpe diem, höre hin.

Kandidat wird, wer erfreut

sieht und fühlt, was hier und heut'.

Selbst im allerkleinsten Raum,

umgibt es dich, du spürst es kaum.

Changiert mit deinem Glauben.

Himmelhoch jauchzend, wie Turteltauben?

Es ist, wenn du willst, ob arm oder reich.

Glücklich?

Sei es doch.

Im Rhythmus

So wie die Wolken ziehen,
mal tief mal hoch am Firmament.
So werden auch Probleme gehen.
Nur Wechsel bleibt, wirkt permanent.

Auch Gutes währt nicht ewig dein,
Tag mündet stets in Nacht.
Das Leben will im Rhythmus sein.
Leb' offen mit Bedacht.

Krankheit und Tod sind Teil davon,
das kannst du kaum umgehen.
Der Sinn dahinter? Reproduktion.
So lässt es sich verstehen.

Der Einzelne zählt nur für sich.
Jetzt, hier, in Ewigkeit.
Nur diese Regel, einheitlich.
Gestalte deine Zeit.

Inneres Kind

Das Kind in mir es meldet sich:
„Komm spiel mit mir, befreie mich,
such' einen Weg, der zu dir passt,
Werte und Sinn für uns umfasst."

Das Kind war acht, da musst' es sehen,
wie Eltern nacheinander gehen.
Und ungefragt musst' es sich fügen,
dem Schicksal nicht auch zu erliegen.

Eure Entscheidung, frei zu sein,
bracht' vielen Menschen Kummer ein.
Die Uhr möcht' ich für euch verdrehen,
und helfen, Auswege zu sehen.

„Bleib stark, dir treu, gib auf dich acht.
Schau hin, was Arbeit mit dir macht.
Erinner' dich, steh für dich ein,
wir sind bei dir, so soll es sein."

Elfchen 1

Wir
Sind gleich
Einkommen Hähnchenverzehr Lebenserwartung
Statistiken rechnen Leben vor
Durchschnitt

Bequemlichkeit,
die Komfortzone.
Wenige kommen heraus.
Nur Neues bietet Chancen.
Morgen!

Immer
und ewig
Nichts ist dauerhaft
Alles ist im Wandel
Evolution

Ehrlich
Ist gefährlich
Diplomaten haben Sagen
Bluffer Strategen Manager Politiker
Glatteisgefahr

Kind im Kokon

Mein Kind, du zauberhaftes Wesen,
ein Wunder der Natur.
Von Liebe will ich dir vorlesen.
Du bringst mir Freude pur.

Ich bin so stolz, dich vorzuzeigen.
Mein Leben hat mehr Sinn.
Unrecht der Welt will ich verschweigen.
Du bist ein Hauptgewinn.

Ich gebe alles für dein Glück.
Du hast so viel Talent.
Begleite dich stets, Stück für Stück.
Bin stets für dich präsent.

Denn früh genug wirst du erkennen:
das Leben ist nicht bunt.
Ich will das Schwarze nicht benennen,
mein Schutzmantel ist rund.

Du wirst mir ewig dankbar sein.
Ich öffne viele Türen.
Gefährliches, das wird nicht dein.
Kannst meine Opfer spüren.

Müsstest du vor mir gehen,
ich wollt' gleich hinterher.
Mein Kopf kann Dramen sehen,
mein Herz wird dabei schwer.

Mein Kind, die Uhr war gegen dich.
Ich hab dich nie geboren.
So denke ich manchmal für mich,
an das, was wir verloren.

Es fehlten Mann und Mut und Zeit.
Perfekt wollt' es nie passen.
Gäb's noch ein Los, ich wär' bereit.
Was kann ich hinterlassen?

Langeweile

Hier ist nichts los, hier bleib ich nicht,
will Action und mehr Spaß.
Ist es der Hafer, der mich sticht?
Such was im Übermaß.

Du kommst nicht nach, mir doch egal.
Ich brauch bestimmt kein Stoppschild.
Leg sanft dein Foto ins Regal,
dein Fremd- ist nicht mein Selbstbild.

Auf Augenhöhe spiel' ich nur,
mich ängstigt zu viel Starre.
Suchst du Bedauern? Keine Spur,
ich flieh', bevor ich harre.

Vertrautes weicht, nichts bleibt bestehen,
obliegt nicht meinem Sinnen.
Bevor ich breche, werd' ich gehen,
nur so kann ich gewinnen.

Mich langweilt, was zu lange gleich,
mein Geist sucht rastlos weiter.
Mein Herz ist wie ein dunkler Teich,
hinab führt eine Leiter.

Die nehm' ich nicht, will nur hinauf,
was unten liegt, soll bleiben.
Auf dünnem Eis ich ständig lauf,
die Traurigkeit sollst du vertreiben.

Mein Anker liegt haltlos am Grund,
auch darum muss ich treiben.
Ich lief mir eher die Hacken wund,
möchte dem Schreck fernbleiben.

Sei gut zu mir und lenk mich ab.
Lass uns zusammen lachen.
Zu früh kommt auch für mich das Grab,
lass uns was Schönes machen.

Bedrängst du mich, so zieh' ich fort,
langweil' mich dann alleine.
Ich suche einen sicheren Ort,
und Heimat, irgendeine.

Lass laufen

Der Job, der Mann tut dir nicht gut?
Lass ihn laufen.
Das Kleid, das Auto passt nicht zu dir?
Lass andere es kaufen.

Die Bahn des Lebens fährt dir zu schnell?
Steig aus, such einen anderen Zug.
Finde deinen Rhythmus, folg' deinem Ziel.
Was geht, das geht und genug ist genug.

Du bist kein Boxer, willst es nicht sein.
Dann boxe nicht.
Ohne Konflikt geht nur, was ist dein,
du erfühlst es.

Du möchtest ankommen, nicht immer nur laufen.
Dabei bist du schon da.
Deine Seele kann niemand dir abkaufen.
Nutze das, was in dir ist.

Lebensweg im Wandel

Luft zum Atmen, um uns rum
verbraucht durch viele Steine -
auf dem Weg zu Geld und Ruhm
liegen auch Gebeine.

Lass dich ein auf dieses Spiel,
tausche frei mit mächtig.
Hast dann schnell ein and'res Ziel.
Und dein Haus steht prächtig.

Bis das Kind in dir nicht mehr
zuschaut, sondern grollt.
Gäb all das für Freiheit her.
Erkenne, was für dich gewollt.

Mensch und Tier

Menschen wie Tier, sie gleichen sich:
sie essen, um zu leben,
sie spielen, jagen, rangeln sich,
sie nehmen und sie geben.

Tiere wie Mensch sind different:
Mensch rackert fürs Abstrakte.
Er glaubt, er sei sein Dirigent,
er fülle seine Akte.

Es gäbe Sinn für ihn auf Erden.
Ein Tier erhofft da wenig.
Er könne menschlicher noch werden.
Erst Sinn macht Menschen selig.

Ein jeder legt das anders aus:
Gefährten, Villa, Macht.
Ein Tier hat immer nur ein Haus,
futtert am Tag, ruht in der Nacht.

Nur Mensch verwechselt Freud' mit Geld,
will schneller, höher, weiter.
Beackert immer noch ein Feld.
Wird dümmer, nicht gescheiter.

Hängt sich ans Smartphone, rennt mit Wut.
Ist satt und weiter hungrig.
Opfert sich auf, vergießt auch Blut,
getrieben bleibt Mensch süchtig.

Nur Mensch kann sich am Gutschein freuen,
an ausgewählten Worten.
Mensch hat den Hang, 'was zu bereuen,
er sucht stets nach Antworten.

Ein Tier, ein Hund, der bleibt dir treu,
genügsamer Gefährte.
Ein Mensch will aus Prinzip stets neu,
verstößt auch das, was ihn lang nährte.

Wähle im Leben mit Bedacht,
bereichere dein Werden.
Wo du sie hast, nutze die Macht,
so kurz bist du auf Erden.

Monopoly des Lebens

Das Spiel beginnt für jeden gleich,
die Regeln sind bekannt.
Am Ende gibt es arm und reich,
die Schlossallee hat dich verbannt.

Am Nordbahnhof darfst du noch stehen,
ohne auszubluten.
Du siehst die anderen weitergehen,
lohnt nicht mehr zu sputen.

Die Regeln, die das Leben schreibt,
gelten nicht gleich für alle.
Und bist du der, der sich zerreibt,
dann steckst du in der Falle.

Doch kommst du aus dem rechten Stall,
so öffnen sich die Türen,
ganz von allein, auf jeden Fall,
wirst du mehr Freude spüren.

Bist du gewillt, das Spiel zu machen,
bereite dich gut vor.
Darwin bestraft per se die Schwachen,
sei achtsam und kein Tor.

Prüfe das Ziel, bevor du rennst,
frag dich: „Ist das denn meins?"
Beherrschen kannst du, was du kennst.
Bleib mit dir rein und eins.

Denn Energie kommt nur aus dir,
die kannst du nicht erwerben.
Ein „Ich" ist schwächer als ein „Wir",
Worte allein können verderben.

Halt inne, denk darüber nach,
was dir zum Wohl gereiche.
Bewahr' Respekt, heil', was zerbrach.
Den Sarg füllt nur die Leiche.

Neuer Tag

Am Tablet hockt die Kinderschar,
weil draußen bislang Wetter war.
Der Vater chillt, das geht schon klar.
Putzt Mutter gern die Shisha-Bar?

Der Coach trägt breit die Rede vor.
Das Team schenkt ihm ein halbes Ohr.
Egon schießt grad ein Eigentor.
Schuld absolviert? Kannst gehen, Mohr.

Und jeden Tag aufs Neue,
treibt Politik die Säue.

Reiner ist rasch alles leid.
Burhan wartet auf Bescheid.
Flüchtlinge führten zu Streit.
Bleibt noch Luft für Hygge-Zeit?

Chantal, die fackt den Goethe an.
Der Vater hört: „Bleib locker, Mann."
Till ist Zuhause ein Tyrann.
Zu viele fragen sich nur „wann?"

Und jeden Tag aufs Neue,
ist Oma eine Treue.

Noah hat längst die Nase voll.
Ein leeres Prepaid ist nicht toll.
„Du bist jetzt dran!" – fürs Protokoll.
Die Tonleiter lebt Dur und Moll.

Der Robot macht die Wohnung rein.
Fondsmanager will Friedrich sein.
In vielen Wegen wächst Gestein.
Wirst du dement, kommt Pflegeheim?

Doch jeden Tag aufs Neue,
denkt jemand „ich bereue."

Der Pastor holt den Brief heraus.
Johannes zappelt, will nach Haus.
'Oh wär die Messe nur schon aus.'
Im Kopf ist Kate im Wellnesshouse.

Die Party ist in vollem Gang.
Dem Alex wird der Abend lang,
sein Flirtversuch kräftig misslang.
Dann lieber Parship, ohne Zwang?

Fast jeden Tag das Gleiche?
Im Grab – allein - die Leiche.

Achtsamkeit wird groß gepriesen.
Glyphosat nah bei den Wiesen.
Skandale selbst bei deutschen Riesen.
Und Priester sind nicht …, ist bewiesen.

Welt im Wandel. Bloß, wie lange
träumst du in der Warteschlange,
nimmt dich Arbeit in die Zange?
Wirst gemobbt - halt hin die Wange?

Der Tag, was bringt er wohl für mich?
Die Balance lässt mich grad im Stich.

Sugar Dad braucht kein Hartz IV.
Viagra weckt im Mann den Stier.
Klimawandel im Visier.
Gleichheit steht lange auf Papier.

Quoten fördern Frauen rauf.
Im Patchwork wachsen Kinder auf.
Firmen stehen zum Verkauf.
Ist das bergab oder bergauf?

Der Tag, der Neue, droht zu schnell.
Ein irres Lebenszeitmodell.

Techniken takten Menschen um.
Buch aus der Cloud? Na, sei es drum.
Probiotisch geht meist linksherum.
Macht uns das schlauer oder dumm?

Mikroplastik schwimmt im Meer.
Brainfood stärkt nicht die Abwehr.
Gentechnik kommt doch hierher.
Mobil gelähmt ist der Verkehr.

Du, Tag du Neuer, hör mal zu.
So geht das nicht, ich brauch mehr Ruh'.

YouTube führt Videoshops zum Aus.
Tod auch für Zechen des Bergbaus.
Google schickt längst Drohnen raus.
Burnout trifft heutzutag' schon Klaus.

Ein jeder Tag im Rhythmus.
Lifecyclen um den Globus.
Für ein Prozent mit Luxus.
Final - Reset – Exitus.

Der Tag, der Neue, kann mich mal.
Ich steig hier aus, ist mir egal.

WhatsApp, Cybermobbing, skypen, Hedge-Fonds, Heuschrecken, Patientenverfügung, Globalisierung, Fairtrade, Rettungsschirm, Flüchtlingskrise, GroKo, autonomes Fahren, Lügenpresse, Influencer, out-sourcen, ARGE, Social Media, Künstliche Intelligenz, Veggie, Performance, win-win, Facebook, Instagram, networking, Handelskrieg, CO_2, Pivot, Kita, Selfies, Mietpreisbremse, Inklusion, Market Mover, pimpen, Depression, Riester, online banking, Stuttgart 21, vegan, merkeln, 3D, Wirtschaftsweise, Wohlstands-schere, Corporate Identity, Leitzins, Trump, Hacker, Bio, Sharing Economy, Referendum, Responsible Care, Yoga, EMAS III, Kreuzfahrt, Mindestlohn, iPad, #Me Too, alternative Fakten, E-Bike, Avatar, Zumba, Cargos, XING, cruisen, Head Down Generation, Brexit, Blockchain, To-do-Liste, Minuszinsen, Me-Time, …

Oma

Er nimmt, was er will,
meldet Wünsche barsch an.
Sie staunt, bleibt doch still,
ist schließlich ihr Mann.

Allein' zählt sie nicht,
nur an seiner Seite
übt sie Verzicht,
erreicht etwas Weite.

Er zetert und tobt,
hat Launen und Macht.
Doch sie hat gelobt,
bleibt treu Tag und Nacht.

Sie bleibt bis zum Ende,
die Schuld kennt sie gut.
Sein Tod bringt die Wende,
erst jetzt fasst sie Mut.

Erst jetzt darf sie machen,
was sie lang' entbehrt.
Mit Kindern zu lachen,
was er ihr verwehrt.

Ihr Herz war stets ruhig,
er rieb seines auf.
So findet sich häufig,
der Ausgleich im Lauf.

Allein fühlt sich gut an,
sie will keinen mehr.
Schreibt selbst ihren Fahrplan,
das Haus bleibt nicht leer.

Es füllt sich mit Frieden,
Besucher kommen gern.
Der Tyrann ist geschieden,
der tobt vor dem Herrn.

Rechte für Jeden

Ein Mensch ohne Rechte,
selbst wenn lange Brauch,
hindert das Denken,
liegt schwer auch im Bauch.

Die Frau sei dem Manne,
per se untertan.
So steht's in der Bibel,
ich nenn's inhuman.

Mein Bauch, meine Füße,
mein Kopf allemal.
Auch Wirtschaft verzichtet
auf Humankapital.

Die Mutter, die glaubt,
was sie kennt, sei gerecht.
Die Tochter geopfert,
solch' Regel ist schlecht.

Was wurd' mir geboren,
welch' Zeit, welches Land?
Bestimmt stark das Schicksal,
als Mädchen verbannt.

Das kann nicht der Sinn sein,
in unserer Natur
ist Vielfalt bereichernd,
ist Menschsein Kultur.

Kultur für den Menschen,
ob Frau oder Mann.
Denn Pflicht braucht auch Rechte,
das ist ein Gespann.

Auch jung oder alt,
entscheidet dein Los.
Reich versus arm -
wär's doch ein Mythos.

Die Blume in der Wüste die Botschaft überbringt:
Seht hin und helft, rettet ein Kind.

Reflexion

Bewahr' mir diese Stille,
bewahr' mir diese Ruh.
Zum Frieden geht mein Wille,
mach' alle Türen zu.

Errichte um mich selbst die Mauer,
zum Schutz, zur Protektion.
Schaue nach innen, werde schlauer,
das habt ihr jetzt davon.

Die Hetze läuft auch ohne mich,
genau wie Trug und Spiel.
Der Hamster rennt nun nur für sich,
findet sein eig'nes Ziel.

Am liebsten rennt er gar nicht mehr,
springt weder hoch noch weit.
Und füllt jetzt auf, was vorher leer,
hat endlich freie Zeit.

Wir alle sind Marionetten,
getrieben auch von Zorn.
Es ginge anders, woll'n wir wetten?
Reset – starten von vorn.

Sei selber dir ein Meister,
der führt und lehrt und dankt.
Lass hinter dir die Geister,
bevor die Seele wankt.

Denn du hast nur ein Leben,
und schuldest dir mehr Freud'.
Lern' nehmen, nicht nur geben,
lern' Ausgewogenheit.

Besinne, was dir wichtig,
was leicht von Händen geht.
Genau das ist dann richtig,
bevor die Uhr sich dreht.

Lerne aus deinen Fehlern,
am besten stets sogleich.
Lass andere auch mal liefern,
mach dir dein Leben reich.

So hat ein jeder Pflicht und Kür,
das lässt sich nicht vermeiden.
Üb Achtsamkeit, öffne die Tür,
in Wahrheit kannst du viel entscheiden.

Ein Freund ist, wer dich achtet,
erfreut, weil dir gelingt,
ganz ohne Neid betrachtet,
was Glück für dich erbringt.

In dir klingt dein Verhalten nach,
du selbst erkennst, was richtig.
Vertraue dir, werde nicht schwach,
vermeide, was unwichtig.

Rucksack des Schicksals

Ein Tag wie stets, wie üblich,
seit dreißig Jahren schon.
Nur heute so betrüblich,
ich weiß noch nicht, wovon.

Der Weg zum Werk, das Schutztor,
alles wohl vertraut.
Ich komme mir heut' traurig vor.
Da drängt was hoch, was tief verstaut.

Wie üblich Excel im Büro,
Tabellen, planen, schreiben.
Unüblich geht's mir damit so,
als würde ich nur Zeit vertreiben.

Heut' sitzt ein Kind an dem PC,
mit Tränen in den Augen.
Was hat es bloß, was tut ihm weh?
Für Arbeit gerade nicht zu taugen.

Ganz plötzlich ist die Stimmung klar,
denn morgen - doch vor fünfzig Jahr'-
ging meine Mutter, musste raus,
Frieden zu finden im anderen Haus.

Ihre Entscheidung, frei zu sein,
bracht' ewig langen Kummer ein.
Genauso lang hielt auch die Mauer
des Schweigens und die stille Trauer.

Warum nur - frag ich mich seitdem -
konnte das denn niemand sehen?
Gab es nirgends sonst ein „Komm,
ich helfe dir, ich mach das schon."

Nirgendwo mehr eine Hand,
voll Kraft und Liebe und ein Band,
Sie hier zu halten, hier auf Erden?
Zu sehen, was die Kinder werden.

Zu klein der Halt. Zu groß die Not.
Der Jüngste mit dem Unfalltod

braucht Sie viel mehr, allein.

Der Vater, der den Traktor fuhr,
verlor viel mehr als dieses Kind.
Mit Alkohol löscht' er die Spur -
die Seele wurd' nicht blind.

Der Freund war falsch, die Nöte blieben,
vergrößerte den Schaden.
Zu viele, die ihm Schuld zuschrieben?
Zu viel wurd' aufgeladen.

Der Schaden zwischen Frau und Mann,
ließ Trost kaum zu, forderte dann
Verdrängung, um zu funktionieren.
Die Seele sollte akzeptieren.

Der Vater, der den Traktor fuhr,
sah bald kein Ziel mehr für sich – nur
beiden zu folgen, sollt' ihn heilen.
Dasselbe Schicksal wollt' er teilen.

Es muss bestimmt was anderes geben,
ihr schenktet doch vier weitere Leben.
„Geht nicht, bleibt hier, verzagt nicht noch!
Ihr seid nicht schuld! Wir brauchen doch

euch beide und auch unser Heim."

Fünfzig Jahre helfen nicht,
das Schicksal zu verstehen.
Nur eines weiß ich ganz gewiss,
so sollte niemand gehen.

Und die, die blieben, litten weiter,
das Trauma nicht erkannt.
D'rum hol dir Hilfe, leb' befreiter,
dann wird das Leid nicht eingebrannt.

Irgendwo gibt's eine Hand, ein Band,
dich hier zu halten.
Auch wenn du meinst, du stehst am Rand,
lass nie dein Herz erkalten.

Es ist zu kostbar, unser Leben,
du darfst es nicht von selbst aufgeben.

Seelen im Wind

Wolken
sind wie Menschen:
flüchtige Begegnungen,
die der Wind
verwirbeln und neu zu formen vermag.
Geisterhaft.

Menschen
sind wie Wolken:
filigrane Wesen,
deren Seelen -
ausgeliehen - ewig in der Zeit bestehen.
Meisterhaft.

Wind und Seele -
schöpferische Kräfte,
Magie.

Seelenwurzel

Bodenlos gedeiht
Weder Mensch noch Tier noch Baum
Wurzeln geben Halt
Wurzellos ist seelenlos
Wertschätzung füllt Seelen auf

Steine im Weg

Stein auf Stein baut sich ein Haus.
Steine im Weg bremsen dich aus.
Willst du dein Ziel dennoch erreichen,
    bau eine Brücke.

Manch' Stein entsteht nur in Gedanken,
lässt dich im Vorwärtsgehen wanken.
Findest du alles abgesperrt, such eine Lücke.

Sandstein ist weich, Felsstein ist rau,
geschickt wär' es, regelrecht schlau,
sie leicht zu überfliegen.

Steine, nicht in überhand,
schärfen kreativ Verstand.
Training, um zu siegen.

Auf dem Rücken trag nicht dumm
anderer Leute Last herum.
Achte auf deine Kraft.

Entscheide selber dein Gewicht,
passt es zu dir oder passt nicht?
Wer ausnutzt auch bestraft.

Inhaltlich, ob groß ob klein,
muss ein Schmerz nicht deiner sein.
Entrümpeln ist ein Ziel.

Akzeptier, was hinten liegt,
bleib' bei Werten unbesiegt,
mach' mit Bedacht dein Spiel.

Elfchen 2

Leben
ist wertschätzen
achte die Grenzen
entscheide über deinen Weg
konsequent

Mobben
Kaputte Seelen
Hetze gegen Schwache
Du entkommst schwer alleine
Feindseligkeit

Ziellos
Nur treiben
Jedermann nach Nirgendwo
Wo willst du hin?
Träume

Orientierung
mit Navi -
Zielefinden leicht gemacht.
Dafür braucht das Leben
Werte.

Tageswechsel

Ein Tag, ein neuer
schubst die Nacht.
Erheb dich, sei bereit.
Kostbar ein Leben, lieb und teuer.
Traumbotschaft überbracht?
Nutz achtsam deine Zeit.

Im Halbschlaf noch beginnt das Werk.
Du fühlst wie an der Leine
ein Hin und Her.
Dein Post-it hat lang' den Vermerk:
Sei gut zu dir, alleine
wird alles schwer.

Der Abend eilt so rasch heran,
geschafft gefühlt zwei Drittel.
Doch permanent gerannt?
Zeit zur Besinnung fehlte, dann
erschöpften sich die Mittel,
du fühlst dich ausgebrannt.

Und schiebst auf Morgen,
hoffst auf ruhige Nacht,
auf Kraft und Energie.
Gepackt mit Sorgen?
Hast nicht bedacht,
so klappt das nie.

Ein Schritt nach hinten statt nach vorn.
Die Leinen losgemacht
atme den Wind.
Ein Ziel, das passt, bringt mehr Ansporn.
Wenn der nächste Tag erwacht
öffne dein Kind.

Traumzeit

Im Traum dreht' ich die Zeit zurück,
ich gäbe alles für dies' Glück.
Im Traum, da seid ihr noch auf Erden,
zu sehen, was die Kinder werden.

Ich hätte sicher nicht studiert,
Ehe nicht spät ausprobiert.
Drei Kinder und ein kleines Haus,
alternativ säh' es so aus.

Hätte kein Burnout bekommen,
mehr Hilfe von euch Zweien genommen.
Wär' abhängig, vielleicht allein,
so könnte es stattdessen sein.

Ihr habt entschieden, früh zu gehen,
den Kummer nicht mehr anzusehen.
Die Not auf Erden war zu groß.
Wer sagt es denn den Kindern bloß?

Im Traum, da gab es nichts zu sagen,
da hattet ihr nicht Schuld zu tragen.
Nicht 'mal gefühlt, da ward ihr froh,
wir Kinder bei euch, ebenso.

Verlorene Achtsamkeit

Was ich mach', das mach ich schnell.
Bin gerne früh zu Ende.
Geh' ich nach Haus', ist es noch hell,
neue Szene, andere Blende.

Der Plan des Tages endet nicht,
wenn Pflichten sind erfüllt.
Ruhe ist lange nicht in Sicht,
der Kopf hängt leer wie ausgehöhlt.

Haus, Kinder, Oma und der Mann
erwarten, was ich leisten kann.
Wann ist es je genug?

Mein Leben rennt, und ich mit ihm,
lass Müßiggang woanders zieh'n.
Ist Leben nicht Betrug?

Wegbegleiter

Wechselhaft wie das Wetter,
wärmend und kalt –
als Spiegel und Retter,
ein Baum für den Wald.

Mal lachend als Sonne,
stachelig und heiß –
mal lustvoll mit Wonne,
rot und schwarzweiß.

Ein Stück meines Lebens,
gingt ihr mit mir.
Ich hoffte vergebens,
ihr bliebet stets hier.

Leben heißt wandeln
und Laufen meint weg.
Ein Dasein in Fesseln,
am Ende oft Schreck.

Wo ließ ich dich gehen?
Wo zweigte ich ab?
Lern, um zu verstehen –
das Grab führt hinab.

Noch kann ich mich drehen,
den Weg rückwärts schau'n.
Ich bleib daher stehen,
will wieder vertrauen.

Der Apfel, der eine,
steht nicht für den Baum.
Im Wege, die Steine,
überflog ich im Traum.

So bleib mein Gefährte,
wohin ich auch geh.
Die Freundschaft, die währte,
ist tief wie ein See.

Wege

Wer schwimmt schon gern gegen den Strom?
Es frisst an den Reserven.
Wer's dennoch wagt, bekommt davon
Blessuren an den Nerven.

Nutze die Kraft, die Energie,
und lass dich lieber tragen.
Verliere nur die Ziele nie.
So kannst du Neues wagen.

Immer nur gleich bringt Gleiches ein.
Verlass den Trampelpfad.
Du musst nicht Teil der Masse sein.
Reifen und Lenker hat ein Rad.

Sei Steuermann, mit Blick nach vorn.
Lass hinter dir, was hindert.
Leg' Schlechtes ab, geh ohne Zorn.
Verlasse, was dich mindert.

Dein Ziel, dein Weg, in allem
kannst nur du Begleiter sein.
Der Herde muss es nicht gefallen.
Manch' Teile gehst du auch allein.

Deinen Weg musst du auch finden
und für dich selbst entscheiden,
bevor dir deine Sinne schwinden.
Verpasste Wege bringen Leiden.

Weihnachten

O,
denk
ich an
Weihnachten
zurück, seh' ich den Baum.
Geschmückt und leuchtend wie
eine glitzernde Großstadt im Dunkeln.
Wie ein Sternenhimmel im August am Meer.
Der Baum steht für Weihnachten und das steht
für mich für Zuhause, wie Feuerwerk für Silvester
steht. Ohne euch ist alles anders, fehlt Liebe. Eltern -
ohne
euch
fehlt
viel.

Zahlensalat

1t hörtest du „du bist zu dumm,
das kann dir nicht gelingen.
Dein 2fel macht dich heut noch stumm,
du möchtest mehr erringen.

Dass aller guten Dinge 3,
lässt weiter dich bemühen.
4you ist Hilfe nicht dabei,
siehst deine Kräfte fliehen.

5 Arbeitstage musst du schaffen,
gefühlt sind es eher 7.
6 Urlaubswochen, nicht erschlaffen.
Sei 8sam mit Zeitdieben.

9malkluge raten eher,
sag doch auch mal „nein".
Ein 10tel gab der Lehnsknecht her,
heut' soll es zigfach sein.

11 Spieler ringen um den Ball,
und werden dabei reich.
Hochmut kommt stets vor dem Fall,
12 oder Dutzend, das ist gleich.

13 gilt oft als Unglückszahl,
manch' Fahrstuhl kennt sie nicht.
Entscheide gut, du hast die Wahl,
der Valentinstag ist nicht Pflicht.

Es schlägt 13, wenn's längst reicht,
kurz vor dem Überlauf.
Wenn jemand etwas nur erschleicht,
nach 12 hört ein Kalender auf.

Geburtsh11er verdienen schlecht,
mehr Ansehen für Schleimer.
Ich finde das sehr ungerecht,
10 Liter fasst ein Eimer.

Wer alle 9e kegeln kann,
zählt neidvoll zu den Siegern.
Gute N8 sag' ich zum Mann,
Schlaf soll die Sorgen lindern.

7 Farben hat der Regenbogen,
De Bono lehrt 6 Hüte.
Wer bei Tisch schweigt, ist alt erzogen,
bewahre deine Güte.

5 Finger an der rechten Hand,
klar, an der linken auch.
Demokratie in unserem Land,
4 Augen sehen mehr, ist Brauch.

Die Bil3he im Fotobuch,
schaut niemand gern nochmal.
Nur Paare kriegen nicht genug,
das hält die 2 vital.

Tanka

Alt wirkt überholt
Fortschritt will stets neu und schnell
Höher weiter STOP

Guter Wein braucht Reifezeit
Leben will gutes Leben

Zart die Kinderhand,
biegsam und vertrauensvoll.
Führ sie weise an.
Ob Mann ob Frau - zeige Mut,
verantwortlich bist du selbst.

Was ist Fakt was Fake?
Klimawandel, Handelskrieg
Drohnen, Newsticker

Von der Natur enthoben
Technik dominiert Menschen

Autorenvita

Elisabeth Denninghaus, Jahrgang 1958, Diplom-Kauffrau, lebt mit ihrem Ehemann am Rande des Ruhrgebiets. Nach 35 Berufsjahren wagte sie den Sprung in die Eigenständigkeit und kehrte dem Funktionsmodus den Rücken.

Jetzt folgt sie ihrem Jugendwunsch 'selber Bücher schreiben'. Schon als Kind verbrachte sie viel Zeit mit Büchern und ließ sich von ihnen entführen und inspirieren. Sie ist seit 2017 Fernstudentin an der 'Schule des Schreibens'.

Bislang wurden von der Autorin einige Gedichte in Anthologien veröffentlicht.